D1574542

thomas schlager-weidinger lichter **horizont**
theopoetische texte über gott und die welt

thomas
schlager-
weidinger

lichter **horizont**

theopoetische **texte**
über **gott**
und die **welt**

echter

Vorwort

„Theopoesie ist Theologie, die sich als Poesie begreift,
weil in ihr das, was nicht Sprache ist, Sprache wird."

(Giovanni Pico della Mirandola, 1463–1494)

Das vorliegende Buch „*lichter horizont"* versteht
sich als Fortsetzung von meinem Gedichtband
„*verrückter himmel"*, der 2013 bei echter erschienen ist. Wieder werden zentrale theologische The-
men aufgegriffen und theopoetisch verdichtet. In
diesem Zusammenhang wird ein zweifacher Trans-
lations- und Transformationsprozess intendiert:
die Übersetzung theologischer Begrifflichkeiten in
eine adäquate zeitgemäße Sprache, die an der gegenwärtigen Erfahrungswelt anschließt sowie die
Übertragung religiöser Thematiken in einen säku-
laren Kontext, dem die Relevanz dieser Dimension
nicht evident ist. Wie das obige Zitat von Giovanni
Pico della Mirandola illustriert, wird dieses theologische und schriftstellerische Tun von der Erfah-
rung getragen, dass wir – selbst als theologische
Profis – im eigentlichen Sinn des Wortes gar nicht
theo-logisch sprechen können, da sich Transzen-
dentes unserem unmittelbaren und dadurch be-
schreibbaren Zugang entzieht. Andererseits muss
erwähnt werden, dass auch die Sprache der Poesie
im Bemühen, alles sagen zu wollen, schwatzhaft
und voller Klischees werden kann: Bilder werden
an Bilder, Phrasen an Phrasen gereiht und mit
diesen werden die Hörer und Leser erdrückt statt
aufgerichtet. Gute Poesie jedoch vermag Bilder zu
schaffen, in denen sich das Leben besser spiegelt
als in toten Begriffen.

Das vorliegende Buch enthält Texte (Aphorismen, Meditationen, Gebete, Gedichte), die im Laufe der letzten fünf Jahre entstanden sind. Für diesen Band wurden sie in eine systematische Ordnung gebracht, die sich an den klassischen Themenfeldern der christlichen Dogmatik orientieren. Das erste Kapitel „gott[ver]suchen" greift Fragen der Gotteslehre auf, die um die Wahrnehmung Gottes – im Sinn der Erkenntnis und Annahme – kreisen. Die Offenbarung Gottes in der Person des Jesus von Nazareth wird in den Texten des zweiten Abschnittes „gott[ver]schenken" thematisiert. Die außergewöhnliche und vielfältige Art des messianischen Wirkens wird im dritten Teil „christus[be] weisen" bedacht und in Theopoesie gegossen. Die (Aus)Wirkung seines (Heils)Handelns und seiner Botschaft auf die ersten Christen und die folgenden Generationen wird im vierten Kapitel „christus[be]zeugen" verdichtet. Der fünfte Abschnitt „christen[über]leben" widmet sich den existenziellen und höchst aktuellen Inhalten der Frohen Botschaft. Das sechste Kapitel „christen[ge]danken" fokussiert die spirituelle Ebene, die sich in Texten, die das Gebet – auf formaler als auch inhaltlicher Art – betreffen, ausdrücken. Die gesellschaftspolitische Relevanz des Christentums, das sich vor allem in der Bergpredigt zuspitzt, zeigt sich in den Texten des siebten Teiles „welt[ ]gestalten". Diese stellen somit auch ein Zeitzeugnis dar, indem sie etwa die Instrumentalisierung und Pervertierung eines „christlichen Abendlandes" und „christlicher Werte" aufzeigen. Als Christ, der sich selbst und die Botschaft des Wanderpredigers aus Galiläa ernst nimmt, kann und darf ich hierzu nicht schweigen.

Theopoetisch ausgedrückt lässt sich der Inhalt dieses Buches wie folgt beschreiben:

lichter horizont

entrückter gott
fern unserer sinne
dem denken entzogen
suchen wir uns

doch nähern
musst du dich uns
und unaufdringlich
dich beweisen
als randfigur
die sinn und heil
beschert

so tanken wir kraft
im stillen staunen
die im kampf uns stärkt

Ich wünsche Ihnen eine gute Lektüre!

Thomas Schlager-Weidinger

Inhalt

welt[ ]gestalten

gott[ver]suchen

im abseits

bei den sklaven
am nil

bei den verbannten
in babel

bei den randständigen
auf bethlehems fluren

bei den ausgestoßenen
in galiläa

bei den abgeurteilten
auf golgotha

bei den schwächsten
in unserem land

ist der höchste
stetig zugegen

und wartet auf uns
weit im abseits

kommunikationsprobleme
(von beginn an)

gott kommt herunter
wir suchen ihn oben

gott kommt uns entgegen
wir erkennen ihn nicht

gott kommt uns nah
wir versperren uns ihm

heilszeit

jetzt

anders

anders als erwünscht
anders als erwartet
zeigst du dich
und bist zugegen
säuselnd
unansehnlich
ohnmächtig
so ferne
nah

wenn gott …

wenn gott riecht
dann nach gosse und sandelholz

wenn gott schmeckt
dann nach tränen und bordeaux

wenn gott klingt
dann nach zähneknirschen und bach

wenn gott spricht
dann deutsch und arabisch

wenn gott existiert
dann ganz anders und vertraut

göttliche wahrnehmung

angeschaut werden wir
und erkannt
von dem der lange
zuschaut schon

als angesehene
dürfen wir uns
endlich betrachten

das wunder
in jedem auge sehen

hybris

dem menschen
eingeschrieben
ist das ewige
von anfang an

wir gehen
tappen
taumeln
müssen suchen:

steine heben wir
auf das podest
nationen auch
und blut und gold

nach der vernunft
erhöhen wir uns selbst
verwirklicht scheinbar
und doch leer

wir können nicht glauben
wollen nicht hoffen
dass das letzte
uns entgegenkommt
uns sucht

wir werden
gefunden haben
weil wir
gefunden wurden
jubeln die erfahrenen

brisant
(zu Gen 3,9.4,9)

brandheiß
seine ersten
beiden fragen
dir und mir
immer wieder
neu gestellt

wo bist du
mensch?

fern der mitte
weg vom glück
tief gefallen
in tränen und blut

und wo ist
dein bruder nur?

dessen unerhörtes leid
bis zum himmel schreit
an grenzen
in lagern
in chefetagen
und gleich nebenan

wo bist du bloß
mensch
und wo ist
dein bruder nur?

neolithische erben

menschen

besetzen
immer noch land

domestizieren
immer noch tiere

versklaven
immer noch menschen

und spannen immer noch
gott vor ihren karren

vakuum

entzaubert
ausgeleuchtet
versichert
reglementiert

nicht mehr
getragen
vom geheimen
dahinter

stürzen wir
voll vernunft
in die überfüllte
langeweile

visitatio*

dort
wo die träume
geboren werden
und die tränen quellen

wo die stille wohnt
und das lachen
seinen grund hat

vermag sein wort
dich zu ergreifen
und lässt dich
nie mehr wieder los

* Heimsuchung

kraft von oben

gratis und effizient
spendet diese endlose quelle
erneuerbare energie
schenkt nachhaltig
wärme und erleuchtung

die eigenen paneelen
gilt es zu warten
und freizuhalten
von der patina
verfestigter überzeugungen

gratia data*

unerwartet
wachsen
aus worten
poeme
aus farben
bilder
aus steinen
formen
aus noten
meldodien
und aus mauern
wieder türen

* lat. *geschenkte Gnade*

gottesnamen

gott
nenne ich
dich nicht:
das ist mir
zu abstrakt

vater
rufe ich
dich nicht:
das ist mir
zu pathologisch

mit *herr*
bezeichne ich
dich nicht:
das ist mir
zu martialisch

auch mit *jahwe*
tituliere ich
dich nicht:
das ist mir
zu sakral

aber mit
ach und *oh*
treffe ich
dich ganz gut:
das ist mir
unheimlich
existenziell

heilsgrammatik

würde
ist bei gott
kein konjunktiv

sondern ein
absoluter
indikativischer
imperativ

präsentisch
geworden
in seinem
ausgesprochen
menschlichen
wort

Der (Heils-)Indikativ steht laut Luthers Rechtfertigungs-
lehre vor dem (Heils-)Imperativ. Damit ist gemeint, dass
der Mensch nicht deshalb vor Gott als „gerecht" gilt,
weil er der Aufforderung nachkommt, bestimmte Gebote
zu erfüllen (= Imperativ, von lat. *imperare*: befehlen),
sondern weil er bereits vor allem Tun – durch Gottes
Gnade – als gerecht gilt (= Indikativ, von lat. *indicare*:
anzeigen). Gleichwohl erwächst aus der Rechtfertigung
(Indikativ) die Bereitschaft zum Tun des Guten (Imperativ). Im Johannes-Evangelium findet sich die sog.
Logos-Christologie, mit welcher Jesus Christus als das
Wort bzw. die Vernunft Gottes verkündet wird

du ohne gott

wir teilen
die gleichen sorgen

uns treiben
die gleichen ängste

uns plagen
die gleichen schmerzen

wir träumen
die gleichen träume

wir erstreben
das gleiche glück

wir zehren
von der gleichen hoffnung

wir stellen
die gleichen fragen

und ringen
mit dem höchsten

der mir halt
und kraft
geworden
und trotzdem
wie dir
immer fremd
auch bleibt

du ohne gott

dein ringen
hält mich wach

deine zweifel
fordern mein denken

deine mitmenschlichkeit
lässt mich atmen

es ist an der zeit
dir danke zu sagen

grenzüberschreitung

(ein ökumenischer traum
am 500. jahrestag der reformation)

so weit sein ja
und so eng unser amen
so groß sein zutrauen
und so klein unser mut

sodass sein reich
immer noch verstellt ist
mit unseren stolpersteinen
und zerteilt bleibt
von unseren mauern

doch es trocknen
blut und tränen
in den jahrhunderten auch
und es schwinden
tinte und gold
und schön langsam
werden endlich
aus katholiken
und protestanten
christen wieder

die dann als katholiken
und protestanten
gemeinsam stark sind
für die schwachen
und glaubwürdig
für jene
die auf der suche sind
in dieser hoffnungslosen welt

und in der zwischenzeit
laben wir uns
an seinem brot und wein
bis wir voll genug sind
um grenzen zu ignorieren
die wir seiner weite
beharrlich entgegensetzen
und unser nüchterner verstand
trunken ist
vom hochprozentigen geist
der neue wege weist

Dieser Text bezieht sich auf das ökumenische Modell der
Einheit durch Umkehr:
Statt von den anderen einfach einzufordern umzukehren,
geht jede Kirche selbst den Weg der Umkehr – zu Christus hin.

monotheistische konsequenz

juden glauben an den *einen* gott
christen glauben an den *einen* gott
muslime glauben an den *einen* gott

glauben wir
endlich auch einander
dass der *eine* gott
sich diesen so
jenen so und uns sich so
offenbart:

jeweils einzigartig und wahrhaftig
gleich und verschieden
immer aber anders und größer
als diese
jene und wir
zu fassen vermögen

schəma jisrael adonai elohenu adonai echad –
„Höre Israel! Adonai (ist) unser Gott; Adonai (ist) Eins." (Dtn 6,4)

Credo in unum Deum –
„Ich/Wir glaube/n an den einen Gott"
(Großes Glaubensbekenntnis – Nicäno-Konstantinopolitanum)

Es gibt nur einen einzigen Gott. (Sure 16,51)

andalusien

fremde schöne

den duft
von myrte und jasmin
schenkst du mir
und das gezähmte wasser auch
im geschliffenen weiß

das lichtspiel
im säulenwald ebenso
wie den ziselierten schatten
in der ornamentenekstase

und schließlich
die hoffnung auch
dass der mythos von einst
zum gemeinsamen morgen
erwacht

Im Sommer 711 begann die arabische Herrschaft in
Spanien. Sie schuf eine Kultur, in der Muslime, Juden
und Christen zueinander fanden und eine Hochblüte
auf vielen Ebenen (Literatur, Philosophie, Architektur,
bildende Kunst ...) erlebte. Damit war es 1492 definitiv
vorbei, als Granada den katholischen Königen übergeben
wurde. Alle Nichtkatholiken, ob jüdisch oder muslimisch,
mussten konvertieren oder wurden vertrieben.

abraham – eine anklage
(zu Gen 22,1–13)

*lech lecha**
geh hin
spricht er
und du abraham
brichst auf
und opferst ihm
deine vergangenheit
alles was heimat dir ist

lech lecha
spricht er
ein zweites mal
und wieder brichst du auf
bereit nun
die zukunft zu opfern
isaak deinen sohn

sag abraham
warum nur
verschlägt es dir
bei morija
die stimme

und rechtest nicht
mit dem höchsten
wie vor sodom einst
gehorchst nur
unterwirfst dich kampflos
gibst auf
deine verantwortung
und deinen sohn
dir anvertraut?

sag abraham
warum nur
hast du solche angst
vor dem
der uns zumutet
das ja mit dem nein
zu verbinden
der zweifel gestattet
das zögern auch
und zum widerstand
gegen gott mit gott
uns ruft?

sag abraham
warum nur
glaubst du
ihm nicht
dass er
dein nein
zu nehmen vermag
um eine zukunft
einen himmel
zu formen daraus?

---

* Bei dem Ausdruck *lech lecha* לֶךְ־לְךָ, der nur zweimal in der
Abrahmserzählung vorkommt, handelt es sich um die Verbindung von *halak* („gehen") mit dem *dativus (in)commodi*, der
die Person oder Sache bezeichnet, zu deren Vor- bzw. Nachteil
etwas geschieht. Es handelt sich also um ein Aufbrechen Abra-
hams, das ihn ganz persönlich, aber auch seine Beziehungen
betrifft.

deus leporis*

schluss mit dem
tierischen ernst:
gott hat humor

warum hätte er
uns menschen
sonst so gewollt
wie wir sind –
lächerlich oft
zum schmunzeln auch
und immer
wieder mal
der grund
eines verliebten
lächelns

schluss mit dem
tierischen ernst:
gott hat humor

denn mit ihm
lachen wir zuletzt
trotzend dem leid
der gewalt
und erlöster
dürfen wir blicken
befreit von ängsten
lächelnd wieder
einem guten
morgen entgegen

schluss mit dem
tierischen ernst:
gott hat humor

warum sonst
trägt ein teil
seines männlichen
bodenpersonals
frauenkleider
spricht gespreizt
und frohlockt
im falsett

* lat. Gott ist/hat Humor

enttäuschung

gott enttäusche uns
damit du unfassbar
und wir unruhig bleiben

gott enttäusche uns
damit du unberechenbar
und wir unzufrieden bleiben

gott enttäusche uns
damit du unverfügbar
und wir unbequem bleiben

gott enttäusche dich
damit wir unsre hybris sehen
und endlich realistisch werden

propheten

sie sagen wahres
sind aber keine wahrsager

sie sehen helles
sind aber keine hellseher

sie stellen sich selbst dar
sind aber keine selbstdarsteller

sie erforschen zukunft
sind aber keine zukunftsforscher

sie revolutionieren soziales
sind aber keine sozialrevolutionäre

sie betreiben aktionismus
sind aber keine aktionismusbetreiber

sie kritisieren kultur
sind aber keine kulturkritiker

sie reden von gott
sind aber keine theologen

gott[ver]schenken

geistwerk

im anfang
schuf der geist
über den wassern
das gute
den shalom

am ende der zeiten
zeugte er
den guten
um wiederherzustellen
den verlorenen frieden

mysterium

indem er sich
entäußert
schenkt er uns
erinnerung

indem er
klein wird
werden wir
groß

indem er sich
entleert
garantiert er uns
erfüllung

indem er
machtlos wird
erhalten wir
vollmacht

zurechtgerückt

gott sandte
seinen sohn

in die welt
und nicht
in die einöde nur

ins fleisch
und nicht
in die seele bloß

ins abseits
und nicht
ins zentrum erst

dort erwartet
uns das heil

mitten im alltag
in der lust
am rand

finden wir es
treffen wir ihn

unscheinbar

der das säuseln liebt
verortet sich unscheinbar
jenseits des himmels

im futtertrog
bei den randständigen
am kreuz

unter schreien und schmerzen
bezieht er gewöhnlich die leerstelle
auch jetzt

im lächeln der stationsschwester
im nicken des justizbeamten
im händedruck der verweilenden

ex oriente lux

er war ein hebräer in ägypten
dem kindermord entkommen
ein sklave der zum herrscher wurde

und auch er
war ein hebräer in ägypten
dem kindermord entkommen
ein herrscher der zum sklaven wurde

beide berufen
die freiheit zu wecken

auf den bergen
in den herzen

himmelssturz
(zu Lk 10,18)

vorbei
das anschwärzen
und anfeinden
das aburteilen
und scheiden:

der ankläger
hat ausgespielt
gott kündigt
als richter
und wirft satan
aus dem himmel

der wie ein blitz
gefallen auf die erde
auf fruchtbaren boden
wo menschen
sich einander
verdächtigen
miesmachen
bis aufs blut verfolgen
die hölle bereiten

doch vollzogen
ist die wende
der anfang des neuen
vom ja-gott
unumkehrbar gesetzt
dessen geist
als verteidiger
auf unserer seite
wirkt

von ihm
zu uns gesandt
der menschensohn
um klar zu machen
dass die schranken
gefallen
und der höchste
mitten unter uns weilt:
sein reich
zum greifen nahe
in dem wohlwollen
und vergebung
siebzigmal siebenmal
zum leben in fülle
uns anvertraut

um den himmel
zu begreifen
sendet er uns
als schafe
mitten unter
die wölfe
und zu denen
am rand

vorbei
das anschwärzen
und anfeinden
das aburteilen
und scheiden

Satan (hebr. שָׂטָן *Satan,* „Gegner") ist vor allem der *Ankläger* im
göttlichen Gerichtshof, der die religiöse Integrität von Menschen
testet und Sünden anklagt, wie es beispielsweise aus den bibli-
schen Büchern Ijob und Sacharja bekannt ist.
Paraklet (lat. *paracletus,* griech. παράκλητος *paráklētos*) ist ein
mehrfach im Johannes-Evangelium verwendeter Begriff, der mit dem
Hl. Geist. identifiziert werden kann. Der Paraklet als *Verteidiger bzw.
Anwalt* der Opfer ist in dieser Funktion die Gegenpartei des Satans.

mir persönlich

du
enthüllst mir
was leben verhindert
und was es zur fülle bringt

du
ergründest mir
was leben weitet
und was es trägt im größten sturm

du
schenkst mir
unwürdigem würde
und vertrauen an deiner seite

du
zeigst mir
den höchsten im niedrigsten
und im nächsten den gleichen

du
offenbarst mir
deinen gegenwärtigen gott
der stärkend mich umfängt

du
weist mir den weg
zu einer himmlischen welt
und zu einem menschlichen gott

ERkenntnis

seine ERhellung
bewirkt meine ERfindung
und ERlöst mich
in der ERinnerung
geschenkter ERfüllung

soter?
logisch!

gesandt
der erlöser
zu den schwachen
und sündern

hingewendet
der heiland
zum hundersten schaf
und zum verlorenen sohn

gekommen
der retter
zu den randexistenzen
und verdammten

hingezogen
der gesalbte
zu jedem menschen
und allem geschöpf

um zu stärken und zu heilen
um nachzugehen und zu verstehen
um aufzusuchen und zu ermutigen
um zurückzubringen
den vergessenen glanz

damit endlich
die mauern fallen
und sein reich
begreifbar wird
in dem menschen
innig verbunden
ohne schranken
ohne abstand
ohne vorwurf:

weit geöffnet wieder
das tor zum paradies

Soteriologie bezeichnet die Lehre von der Erlösung aller Menschen im christlichen Kontext. *Soter* (griech. *Σωτήρ*) bedeutet *Retter* oder *Erlöser*.

christus[be]weisen

(auf)gabe christi

versohnung

**palindromisches
credo**

von oben und unten
vorne und hinten
links und rechts
bist und
bleibst du unser

retter

Ein *Palindrom* ist eine Zeichenkette (z.B. in Form eines Wortes),
die vorwärts wie rückwärts gelesen identisch ist.

hermeneutischer schlüssel

nicht hypostatische union
heilsökonomie
oder transsubstantiation
beschreiben schlüssig
das geheimnis
seiner proexistenz

vielmehr erklärt jedoch
das phänomen des teilens
sein unbegreifliches leben:

zunächst in form
aktiven protestes
gegen das alltägliche
aus-
ein-
und zuteilen

immer wieder auch
im faktum
eines ver-
und umverteilens

und schließlich
ganz konkret
in gestalt
gereichten weines
gebrochenen brotes
seines hingegebenen lebens

was es bringt

nichts bringt uns
seine geburt vor 2000 jahren
aber alles bringt er mir heute
weil ich mensch werde mit ihm

nichts bringen uns
seine taten vor 2000 jahren
aber alles bringt er mir heute
weil ich frei werde mit ihm

nichts bringen uns
seine worte vor 2000 jahren
aber alles bringt er mir heute
weil ich weise werde mit ihm

nichts bringt uns
sein sterben vor 2000 jahren
aber alles bringt er mir heute
weil ich konsequent werde mit ihm

nichts bringt uns
sein auferstehen vor 2000 jahren
aber alles bringt er mir heute
weil ich zu leben beginne mit ihm

seelenstürme
(zu Mk 4,35–41)

bedrängt von stürmen
überrollt von wellen
das wasser bis zum hals

doch meine angst
kümmert ihn nicht
ich gehe zugrunde

kein kräftiger zauber
kein mächtiger schutz
er schläft bloß ganz tief

ich verstehe ihn nicht
ich muss ihn wecken
ich muss ihn bitten

er erhebt sich
zeigt es uns
und bleibt verwundert

der im selben boot sitzt
kennt meine angst
vermisst mein vertrauen

in den gott
der im heck des bootes
sein kissen mit uns teilt

während ringsum
der sturm wieder heult
und wogen sich türmen

seelengravur
(zu Mt 8,8)

dieses bekannte
unbekannte wort nur
tief in unser sehnen graviert

lass uns hören
lass uns spüren
lass uns glauben

und endlich
unendlich leben
werden wir dann

du
sprich nur
ein wort ...

In der römisch-katholischen Messe ist das Demutswort des
heidnischen Hauptmanns in abgewandelter Form das Gebet der
Gläubigen vor der Kommunion.

herzdiagnose
(zu Lk 8,4–8 par.)

wortgewaltig
streut der sämann
sein kraftfutter
in meinen
seelengrund:

doch verhärtet
eine meiner herzregionen
von enttäuschungen
und misstrauen
so dass ein teil der saat
verloren geht

vergiftet auch
ein stück meines herzens
vom gleichgültigen
und verzweckten
so dass letztlich
einiges verdorrt

und gefangen schließlich
ein herzsegment
in sorgen und ängsten
so dass manches
darunter erstickt

aber so vitalisiert auch
mein quantum herz
von seiner gegenwart
so dass das vollwertige
wurzeln schlagen kann
zum überreichen segen

andere logik
[zu Mk 7,24–30*]

mensch jesus
wie klein bist du
als du es der ausländerin
so richtig gezeigt hast
dass sie nur abschaum ist
und keine ansprüche
zu stellen hat:
du angehöriger
eines auserwählten volkes
der zwölf stämme israels

mensch jesus
wie bist du gewachsen
als du dich von der frau
irritieren und in frage
hast stellen lassen:
du sohn
eines unfassbaren gottes
der nicht völker
sondern menschen liebt

mensch jesus
wie groß bist du
als du nicht nur
für die deinen
gesorgt hast
und bloß zwölf körbe
übrig geblieben sind
sondern weil du
aus der enge
in die grenzenlose
zuwendung getreten bist:
mit sieben körben voll
für alle

* Vor der Begegnung mit der syrophönizischen Heidin be-
richtet Markus von der ersten Brotvermehrung in Galiläa
(Mk 6,30–44) und von den zwölf übriggeblieben Körben –
12 ist die Symbolzahl für Israel. Unmittelbar nach der
Begegnung mit der Syrophönizierin kommt es zur zweiten
Brotvermehrung (Mk 8,1–8) – dieses Mal jedoch in der De-
kapolis, einem Gebiet das von Nicht-Juden bewohnt war.
Markus erwähnt, dass dabei sieben Körbe übrig geblieben
sind – 7 ist die Symbolzahl für die ganze Welt.

untertanenknow-how
(zu Mk 12,17)

aufgedruckt
des kaisers bild
auf einer münze bloß

aber eingeprägt
des göttlichen bild
in jeder seele von uns

und der herrscher bekommt
was ihm als herrscher bloß zusteht:
steuergelder und bürgerpflichten

nicht erhält er aber
was ihm gar nicht gebührt:
gehorsam und treue

vorbehalten bleibt dies dem
der tief in jedem von uns atmet
und dessen zweiter name
gerechtigkeit ist

amor propio*
(zu Mk 12,31)

regen
muss ich zaubern
wenn zu viel sonne
mir scheint

und fest
mich kauern
unter deinem schirm
der keine flüche kennt

so lange
bis deine tiefenwärme
meine wolken
langsam löst

dann verströmt sich
selbst mein ja
schmiegt sich
an den regenbogen

* lat. Selbst- bzw. Eigenliebe

christus[be]zeugen

verrückt

christen haben
seit pfingsten
einen vogel

befinden sich
seit karfreitag
auf dem holzweg

und erfreuen sich
seit ostern
am realitätsverlust

royal

mit der nacht
seiner geburt
fließt blaues blut
in unser aller adern

erhaben
sind wir alle
durch die würde
seiner taten
und die größe
seiner worte

geadelt auch
sind wir alle
durch sein blut
und den glanz
vom dritten tag
besiegelt zudem
mit jener kraft
aus der höhe

als könig
unter königen
lebt er
nur wir
behandeln uns
immer noch
gleichgültig
statt gleich gültig
royal

urchristlich

heikel
die besitz
verachten

fraglich
die auf leistung
pfeifen

unberechenbar
die keine rangordnung
anerkennen

riskant
die der gewalt
widerstehen

bedrohlich
die den tod
nicht fürchten

gefährlich
die an den christus
glauben

zum glück
wendete konstantin
das abnormale

ave maria

fremd bist du mir
was für ein aufstieg
von einer jüdischen mutter
deren sohn vom imperium
hingerichtet wurde
zur mutter
der einzigen gottheit
des imperiums:
vom sohn gekrönt
auf der mondsichel thronend
von der sonne bekleidet

ave maria
fremd bist du mir
seitdem du die seite
gewechselt hast:
von der einfachen vertreterin
der gläubigen
zur gnadenspenderin
die du uns unter deinem mantel
vor dem zorn deines sohnes schützt

ave maria
fremd bist du mir
seit aus dir
der jungen frau
eine jungfrau gemacht wurde
die unbefleckt
von sünde und verwesung
als ‚himmelmutter‘
neben dem ‚himmelvater‘ herrscht

ave maria
fremd bist du mir
seit du zur übermutter
und die familie
zur keimzelle von harmonie
geworden bist:
dein sohn
zum muttersöhnchen degradiert
der offenbar nur noch
als baby oder toter
deine gegenwart findet

ave maria
werde nahe mir wieder
und hol dir deinen
angestammten platz zurück
auf der seite der niedrigen:
als unehelich schwangere
als gebärende obdachlose
als flüchtende asylantin
als sorgenvolle begleiterin
als zweifelnde gläubige
und zeugin der frohen botschaft
die zum umsturz
uns ruft

Der biblische Befund ist in Bezug auf Maria äußerst dürftig. Die
theologische Reflexion über Maria drückt sich in vier zentralen
Dogmen aus: Marias *Gottesmutterschaft* (da Jesus Gott ist, muss sie
seine Mutter, d.h. *Gottesgebärerin* sein); ihre damit in Verbindung
stehende *immerwährende Jungfräulichkeit* (vor, bei und nach der
Geburt), ihre eigene *unbefleckte Empfängnis* (ohne Makel der
Erbsünde) und ihre leibliche *Aufnahme in den Himmel* (frei von Verwesung). Die beiden letzten Dogmen von 1854 und 1950 werden
von Orthodoxie und Protestantismus als trennend empfunden.

verschaukelt?

freundlich
lächelst du jene an
die über dich
schon wieder lachen:

doch in die irre gehen
ihre schnellen blicke
weil sie nicht sehen
weil sie nicht verstehen
dass letztlich nur
der unfassbare
dich hält

im höchsten
wiegst du dich
unendlich frei
festgemacht
am unsichtbaren
an den unablässig
deine augen haften
ein lächeln nur entfernt
von der morgenröte

aber auch
diese zeichen
im geflochtenen band
bleiben denen verborgen
die über dich
und deine hände
schon wieder
bloß lachen

In der Kirche St. Prokulus in Naturns/Südtirol befinden sich
einige der ältesten erhaltenen Wandmalereien im deutsch-
sprachigen Raum; die vorkarolingischen Fresken stammen
aus dem 8. Jh. Eine der schönsten Fresken befindet sich
an der Südwand und zeigt einen Heiligen auf der Schaukel
(wahrscheinlich St. Prokulus, Bischof von Verona). Auffal-
lend ist, dass die Hände des Heiligen nicht um die Seile greifen, sondern quasi an ihnen vorbei. Angesichts der Qualität
der Malereien, etwa auch der komplizierten Mäander und
Flechtbänder, legt dies eine bewusste Intention nahe, die
auch mit dem Blick des Heiligen zum eigentliches Zentrum
der Kirche und des Christlichen zu tun hat: So wurde in der
Mitte des kunstvollen Flechtbandstreifen in der Altarwand
im Osten das zentrale Motiv der „Dextera Dei" (rechte Hand
Gottes) zwischen Lamm und Taube als verschlüsselter Hin-
weis auf die Dreifaltigkeit eingearbeitet.

von der freiheit ...
(luther 1)

mit einem donnerschlag
bei stotternheim
befreit
vom leistungsdruck
des ernährers:
dem leiblichen vater

mit einem geistesblitz
im turmzimmer
befreit
aus der angst
vor einem grimmigen gott:
dem himmlischen vater

mit dem thesenanschlag
in wittenberg
befreit
aus den zwängen
des papstes:
dem römischen vater

mit der bekenntniswucht
in worms
befreit
vom druck
des kaisers:
dem vater des reiches

gott sei dank
(luther 2)

gottes zuwendung
nicht erkaufen
müssen

gottes güte
nicht erleiden
brauchen

gottes treue
nicht erzwingen
sollen

gottes ja
einfach glauben
dürfen

franz von assisi

schuhlos
wandern
zum herzschlag
der erde

besitzlos
geben
vom satten
verzicht

anspruchslos
lachen
über den
hastenden schein

und selbstlos
sich finden
im großen
hallo

engel der armen
(zur heiligsprechung
von mutter teresa am 4.9.2016)

kommt es
nicht doch
auf diesen
kleinen
tropfen
an

der hier
einsam verendende
aus dreckigen gossen
in weite arme
schwemmt

und heute
vergessene würde
auf röchelnde antlitze
spült

während sich
die welt
beharrlich nordwärts
dreht?

ja
es kommt
auf diesen
winzigen
tropfen an

der sanft
den ozean
verändert

„Was wir bewirken, ist kaum mehr als ein Tropfen im Ozean.
Aber wenn wir tatenlos blieben, fehlte dem Ozean gerade dieser
Tropfen." (Mutter Teresa)

wanted

drei personen
geleitet von googlemaps und gott
ausgestattet mit taschenlampen
bolzenschneidern und bibelversen
verschaffen sich zugang
zum y-12 national security complex
in oak ridge tennessee
dem fort knox des uraniums
in dem sich radioaktives material befindet
um mehr als zehntausend atombomben
zu bestücken

in den rucksäcken
schnüre und streichhölzer
hämmer und spraydosen
protestplakate und gurkensamen
ein brief für die mitarbeiter des lagers
ein frischgebackenes brot und eine bibel
sowie sechs kleine flaschen
gefüllt mit menschlichem blut
als zeichen für jene
die in kriegen gestorben

auf dem weg
durch das schwierige gelände
hinterlassen sie botschaften
gut zu lesen
schwer zu verstehen:

schwerter zu pflugscharen
lanzen zu sicheln

und nachdem sie
drei hochsicherheitszäune überwinden
betreten sie die todeszone im grellen licht
schütteln die roten und schwarzen spraydosen

öffnen die flaschen mit blut
besprühen und bespritzen bedächtig
die nordmauer des us heiligtums
die dazu errichtet
luftangriffen zu widerstehen
nicht jedoch den wörtern
aus der heiligen schrift

zwei hämmer platzieren sie
am ort des verbrechens
hoffend dass diese stark genug sind
um versteinerte köpfe
und herzen zu öffnen:
transform now
prangt in roten lettern
auf dem einen
und eingebrannt
am griff des anderen
repent! god's kingdom is at hand

die ihrem herrn gleich
wie diebe in der nacht gekommen sind
warten geduldig und müde
auf ihre festnahme:
zwei vietnam veteranen
und megan rice
eine dreiundachtzigjährige nonne
aus new york

Megan Rice (*31.1.1930) ist Nonne des katholischen Ordens
Society of the Holy Child Jesus und wirkt seit den 1980er Jahren
in der Friedensbewegung mit. Rice brach im Juli 2012 zusammen
mit den beiden Friedensaktivisten Greg Boertje-Obed und Micha-
el Walli, beide Vietnam-Veteranen, im Rahmen einer Protestak-
tion in den Y-12 National Security Complex ein. Im Februar 2014
wurde Rice wegen Sabotage und Beschädigung von Staatseigen-
tum zu zwei Jahren und elf Monaten Gefängnis, Boertje-Obed und
Walli zu fünf Jahren und zwei Monaten Gefängnis verurteilt.

fromme strategie

der uns
immer noch
im weg steht
wird nach oben
entfernt

ans kreuz gelobt
in den himmel
verschoben

freie bahn
haben wir so
und wieder
den gang
nach unten
versperrt

ausweg(los)

nicht am eigenen
am fremden ufer aber
hält er sich auf

warnt von dort
vor alten schläuchen

zeigt dem ich
das glück im schwachen

doch die ihm heute folgen
stehen starr auf ihrem boden

trinken stur
aus alten bechern

und drehen strikt nur
um sich selbst

christen[über]leben

lebensläufe

aneinandergereihte zahlen
und sortierte daten
behübscht mit einem foto
bilden den nahtlosen übergang
zu den epitaphen
unserer originellen existenzen

selbstverständliches
selbstverständnis

ein gleicher unter gleichen
kann ich nicht sein

ein anderer unter anderen
jedoch will ich sein

ein fremder unter fremden
werde ich stets bleiben

immer aber bin ich
ein mensch unter menschen

lasst mich doch
endlich so sein

elternwahn

in der fülle
der zuwendungen
erstickt die pure
freude

im zuviel
der fürsorge
erlahmen die munteren
flügel

im übermaß
der unterstützungen
zerbröckelt die sprudelnde
energie

im dauerbeschuss
möglicher karrieren
verkümmern unsere kinder
bevor ihr leben beginnt

erbe

bäume nicht
kerne aber
vermachen wir euch

und das wissen
um die guten plätze
die sprudelnde quelle

den schweiß
der mühe auch
und den stolz
auf die eigenen früchte

solche schafe
(zu Mt 10,16)

suspektspersonen
sollen sie sein

fantastische
fremdkörper

wunderbare
weltwidrige

zukunftszarte
zeitgenossen

menschelnd
mutige

taufrische
täuflinge

jene
jesusjünger

wie
wir

ursprünglich
unangepasst

nachfolge

unser leben
ist wie seines
eines auf dem weg

durchwirkt
vom zuhören und hinschauen
vom mitgehen und begleiten
vom mut sich in frage zu stellen
von der bereitschaft zur umkehr

und wer sich schon
am ziel glaubt
hat es eigentlich verfehlt

und sei es
in gold und weihrauch gehüllt
oder mit autorität
und tradition gesalbt

unser leben
ist wie seines
eines auf dem weg

Papst Franziskus wendet sich wiederholt bei einer Messe in
Bologna am 2.10.2017 – mit Verweis auf Jesus – gegen Heuche-
lei, mit Gesetzesdenken gepaarten Klerikalismus und Volksferne
religiöser Autoritäten

nachfolgen

ihm nachfolgen
dürfen wir

nicht ins extreme
oder ins abseits

sondern in den alltag
mitten ins leben hinein

am schreibtisch
an der bar

ihm ähnlich werden
sollen wir

einsichtig
(zu Mt 21,28–32)

vorsichtig
müssen wir sein:
wachsam gegenüber
den allzu frommen

nachsichtig
dürfen wir sein:
geduldig gegenüber
den abgeschriebenen

umsichtig
sollen wir sein:
geprägt vom blick
des menschenfreundes

auch heute

verstauben
die teuren gläser
in der vitrine

schützt
eine decke
die ledergarnitur

liegt
der schöne schmuck
in der schatulle

bleibt
der beste wein
im keller

warten
wir wieder nur
auf morgen

anamnese

die krise
unserer zeit
hat eine schwester
und ihr name ist: angst

vor arbeitslosigkeit
und abstieg
vor krieg
und fremden
in gestalt von flüchtenden
und muslimen

und sie trägt gerne grau
badet in feuer und blut
gräbt sicht tief
in unsere seelen
ist immun
gegen argumente
und vernunft

aber da ist auch einer
der mit seinem namen
schon jahrtausende
dagegenhält
zärtlich konsequent
bändigt er die angst
indem er sie teilt

und jeder krise
lächelt er unverdrossen
aufs neue
seine visionen entgegen

doch immer wieder
betäuben wir
unsere schwester
mit dem blut
der propheten

säkular?

bio ist das neue koscher
und das hochamt wird im stadion zelebriert

die communio trifft sich im netz
und die ratio ist absolut

im museum verblüfft transzendenz
und gehuldigt wird dem ich

die nation wird verehrt
und dem erfolg geopfert

der coach spricht die absolution
und im fitnesscenter wartet das heil

zeitfrage?

die zeit
ist reif

gestern
war heute
das morgen

wir haben
genug

die zeit
ist reif

wir sind
es nicht

zeitdiebe

der ewige
schuf genug zeit
sodass wir ihm
einige davon
stehlen dürfen

um länger
im schatten
der bäume
zu sitzen

um ausgiebiger
im schaukeln
der hängematten
zu träumen

um intensiver
bis in die nächte
zu feiern

und um
unverschämter
mitten im alltag
zu leben

sommertage auf rab

eingerührt
ins türkis und blau
lassen wir uns
mit den gezeiten
durch die tage
ohne stunden
treiben

und sonnengewendet
in augenblicken
tauchen wir wieder
bis auf weiteres
unter

an meinen vater
(zum 26. todestag)

du
wir waren
noch nicht fertig
miteinander

zaghaft erst
flocht sich
unser zärtliches band
und mich überraschte noch
dein anderer blick

als du voller wucht
vom schlag getroffen
viel zu jung
und hilflos plötzlich
vor mir lagst

du
wir waren
noch nicht fertig
miteinander

nach der zeit
der vielen tränen
hätte ich gerne öfters
dein leichtes lachen gehört
und deine hände
auf meinen schultern gespürt

du
wir waren
noch nicht fertig
miteinander

unser gemeinsames ding
ist nicht gebaut
und ungenützt bleibt mir
deine erkenntnis
im umgang mit
stolpersteinen
und bremsklötzen
welche dir
viel zu vertraut
und was dich wirklich
glücklich macht

du
wir waren
noch nicht fertig
miteinander

viel zu früh
starbst du
in meinen armen
und mein
ich liebe dich
sucht immer noch
hoffnungsfroh
dein herz
da drüben

Für meinen Vater Josef Schlager-Weidinger, gest. am 26.5.1991

erna

dein leben
das niemals
einfach nur
ganz leicht war
hast du dennoch
so gut es ging
gelebt

und bist ihm
in all den jahren
zwischen vielen tränen
mit lachen auch begegnet
so gut es ging

dein leben
hast du gelebt
das niemals nur
ganz leicht war

aber jetzt

Für meine Tante Erna, gest. am 16.7.2015

entscheidend
(zu Mt 25,31–46)

am ende der zeit
wenn es um's ganze geht
werden wir
nicht gefragt werden
ob wir christen
muslime
juden
buddhisten
sozialisten
nationalisten
kapitalisten
atheisten
oder sonst was sind

sondern ob wir
als wahre menschen
gehandelt haben
die im geringsten
die schwester
und den bruder
erkannten

christen[ge]danken

sonntagsschule

wieder lernen
ruhe
achtsam
auszukosten

wieder finden
zeit und raum
für feier
und spiel

wieder entdecken
unverzwecktes
sinnreich
und liebesvoll

wieder erkennenen
den der am rand
und am grund
des schweigens wohnt

wieder kultivieren
den nährboden
auf dem wir
reifen und wachsen

frommer wunsch

(eines nicht einfachen theologen)

einfach nur
dem wahren
als wahrem vertrauen
und nicht schon wieder
wahrscheinlichkeiten erwägen

einfach nur
den geheimnisvollen
als geheimnisvollen annehmen
und nicht schon wieder
enthüllungen suchen

einfach nur
den augenblick
als augenblick genießen
und nicht schon wieder rotieren
im schweren wozu

**eltern_pflicht_
erfüllung**

den kleinen schmerz
puste ich dir
vom leib

die plötzliche angst
singe ich dir
von der seele

und am abend
mach ich dir
die welt wieder heil

solange du
mir glaubst
mein kind

beten können

loslassen
damit die hände leer werden
um sie falten zu können

tief atmet die seele
wenn sie sich hoch schwingt

um vertraut zu werden
mit sich selbst
mit denen
die so geliebt
und mit jenen auch
die nur durch hass verbunden

gelassen werden
im verborgenen angesicht
der großen gegenwart
weil das gebet
die welt nicht verbessert
wohl aber menschen
die dadurch die welt
zu ändern vermögen

loslassen
damit die hände leer werden
um zupacken zu können

tief atmet die seele
wenn sie sich hoch schwingt

subversiv

wer betet
durchschaut
und durchbricht
die logik der welt

das höchste
ist nicht in zahlen
und erfolg gegossen

gefühle
werden zugelassen

schwache
stehen im fokus

und andere
werden bedacht

fromm

nichts können
nichts wollen
nichts brauchen
nichts tun

einfach sein
und werden
in gottes
ferner nähe

alles umsonst

alles umsonst
für den
der entdeckt

dass der atem geschenkt
die herzen zugewendet
die satten momente gegeben

und alles umsonst
für den
der alles selbst
fassen will
und es doch
nicht kann

transzendente momente*

was meinen verstand
übersteigt

was meine sinne
überwältigt

was meine seele
überrascht

lassen herz und lippen
überquellen

* transcendentia = das Übersteigen

benedictus*

die gewährten blicke
durchs schlüsselloch
ins panoptikum
paradiesischer regungen

öffnen hin und wieder
mit leichten psaltern
meine verkrusteten lippen
zum staunenden lob

* Das Benedictus (lat. gepriesen/gesegnet) ist zum einen Teil
  des Morgengebetes (Laudes) im kirchlichen Stundengebet und
  zum anderen Teil des Sanctus in der Messe.

gesegnet

gesegnet sind wir
nicht durch heil
sondern weil wir
selbst im leid
gehalten sind

gesegnet sind wir
nicht durch erfolg
sondern weil wir
selbst im scheitern
geborgen sind

gesegnet sind wir
nicht durch frieden
sondern weil wir
selbst im bruch
begleitet sind

gesegnet sind wir
nicht durch fülle
sondern weil wir
selbst im mangel
getragen sind

gesegnet sind wir
weil der höchste
ernst macht
mit seinem namen:
gepriesen bist du!

segen schmecken

den segen schmecken
auf meiner kinderzunge
als omas tomatensauce
nach dem vormittagstrott

den segen schmecken
im stimmgebrochenen hals
als mutters biscuitroulade
im seelenweh
und als vaters schokolade
während des schuldesasters

auch jetzt
immer noch
den segen schmecken
auf meinem gaumen
als bruders whiskey
wider den frust
und als der geliebten kuss
auf meinen lippen

gartensegen

leichter wird's mir
beim abtragen
der maulwurfshügel
im feber

und mit den rosen
schneide ich
im märz
die patina
aus meiner frische

mit duftenden farben
verführt mich
der mai

und in den
mittsommernächten
umarmt mich
sattes grün

ende oktober
legt sich
das letzte laub
über die eile

bis im jänner
maulwürfe wühlen
unter dem schnee

junilektion

betrogen um
farben und kanten
schlummert der porphyr
unter den ablagerungen
fetter tage
eintönig
im gartenteich

mit hochdruck
und geduld
löst sich
in den fugen
schicht um schicht

bis er plötzlich
im tausendrot
erleichtert strahlt

precatio*

wenn im zwielicht
das herz überläuft
und zunge wird
mitten am tag
bestehen die worte
auf der briefwaage
der ewigkeit

* lat. Gebet

entdecktes morgenrot

dein mondfenster
im dunkelmeer
öffnet mir
die morgentür

morgengebet

herr
in dein licht
hülle ich mich
an diesem tag

damit dein funke
meine hoffnung nährt

dein glanz
das unbedeutende
ins rechte licht
mir setzt

deine wärme
meine dicke haut
durchdringt

und das übersehene
zur aufgabe mir wird

herr
in dein licht
hülle ich mich

damit auch durch mich
diese welt
ein stück heller wird
an diesem tag

morgengedanken

suchen will ich heute

was mein herz füllt
meinen kopf fordert
meine ohren erfrischt
meine lippen löst
meine augen überrascht
meine hände öffnet
meine beine bewegt

und keine ruhe gebe ich
bis nicht am abend
mauern brüchig sind

**dankgebet
am see**

durch dich
wird hier
der himmel
nicht blauer
das wasser
nicht türkiser
und der wald
nicht grüner

aber mit dir
werden meine
sinne schärfer
und mein innerstes
atmet tiefer
unter dem himmel
der blauer
mir scheint

humilis*
(ein liebesgedicht)

nicht fassbar diese vollen augenblicke
an denen die wörter zerschellen

nur fährten legen
vermag ich vielleicht

weil ich dich unbeschreiblich liebe
und den der dieses schweigen ist

* lat. demütig

ja
(für rosina
zur silbernen hochzeit)

ja
sagtest du
zu mir

zu mir

der doch
zu sich selbst
kaum ja
sagen konnte

seitdem
suche ich
was mich
wachsen lässt
greife danach
rieche daran
umarme fest

dein ja

mir zugeflüstert
zugezwinkert
als selbst worte (selbstworte?)
nicht mehr möglich

ja
sagst du
zu mir

und immer noch
überrascht
tastet meine hand
selbstverständlich
nach dir

**liebeserklärung
an meine vier**

durch euch
mit euch
unendlich
beschenkt
mit dem
was ich so
nicht hatte

durch euch
mit euch
unvorstellbar
gewachsen
an diesem
kostbaren ja

durch euch
mit euch
hoffend
zuversichtlich
dass der segen
auch im wandel
weiter pulsiert

welt[ ]gestalten

diagnose

unsere welt
krankt daran
dass sie
zu deutsch
österreichisch
französisch
englisch
türkisch
arabisch
chinesisch
oder amerikanisch
aber viel zu wenig
menschlich ist

weltverbesserer
(ein christlicher auftrag)

ich will
die welt
verbessern
weil sie mir
so nicht gefällt

sie dreht sich
wieder mal
nur um sich selbst
und wirft die
an den rändern
einfach ab

ich will
die welt
verbessern
angeregt
vom großen traum
der letzten tage*

über den sie auch
die köpfe schüttelten
vor hundert jahren
da doch niemals
aus erzfeinden
freunde werden
wie aus schwertern
keine pflugscharen

* Micha 4,1–5;

und über den
sie lachten
weil doch unmöglich
europa frieden findet
nach dem zweiten
großen krieg
und weil die mauer
niemals fällt

ich will
die welt
verbessern
angeregt
von seinen worten
auf dem berg*

die wir auch jetzt
nicht glauben können
da doch niemals
aus fremden
nächste werden
und aus den letzten
nicht die ersten

ja
ich will
die welt
verbessern
und es gibt
so viel zu tun

* Mt 5–7

2016 – eine elegie

die alte welt
gebildet aus trümmern
tränen und träumen
zerfällt

tiefe risse ziehen sich
durch die fundamente
des aufschwungs
und mauern
zementieren abermals
das ihr und das wir

enger wird sie
verschlossener
und viel zu einfach wieder
geschlagen die blutrote stunde
der schwarzweißpatrioten:

ein präsident
aus dem trash-tv
der mit 140 zeichen
dem postfaktischen huldigt
und europas volksverdreher
die mit dem zar im kreml
und dem sultan am bosporus
das vorletzte jahrhundert
schmerzvoll verlängern
in welches der brexit
die briten verführt

die alte welt
ungerührt von syriens leid
oder von denen

die auf der flucht
zerfällt
und europa bleiben
als stütze wieder
jene vier hügel*
auf denen es einst
kraftvoll errichtet:

auf der akropolis in athen
sprießt immer noch
die liebe zum denken
auf dem capitol in rom
wächst immer noch
die liebe zum recht
auf golgotha vor jerusalem
blüht immer noch
die liebe zum schwachen
und auf dem sabikah in granada
knospt immer noch
die liebe zum miteinander

vielleicht wird ja
in den kommenden jahren
eine neue welt geboren
gebildet aus trümmern
tränen und träumen
gestützt auf die vier anhöhen
der menschlichkeit

---

* „Es gibt drei Hügel, von denen das Abendland seinen Ausgang
   genommen hat: Golgatha, die Akropolis in Athen, das Capitol in
   Rom. Aus allen ist das Abendland geistig gewirkt, und man darf
   alle drei, man muss sie als Einheit sehen." (Bundespräsident
   Theodor Heuss, 1950)

wertekampf

gott sei dank

wehren wir uns tapfer
mit christstollen und
schweinsbratwürsteln
gegen die islamisierung
des christlichen abendlandes

kämpfen wacker
in bierzelten
mit lederhosen und
dirndlkleidern
gegen niquab
und burkini

erteilen denen da
mehr als eine lektion
und zeigen ihnen so
wo der bartl
den most holt

kürzen
ganz schön
anständig
mindestsicherung
und nächstenliebe

bringen
immer wieder opfer
für unsere alten werte

gott sei dank?

bemerkenswert

am 12. august 2017
wurde für eine
große rettungsaktion
die a 52 bei essen
für eine halbe stunde
zur gänze gesperrt

die tierrettung essen
gab kurz darauf bekannt
dass das katzenkind
wohlauf ist
und sich in einem
tierheim in mühlheim
an der ruhr befindet

am gleichen tag
vermeldet
ärzte ohne grenzen
dass die prudence
ihre rettungseinsätze
vor der libyschen küste
einstellen muss
und gestrandete flüchtlinge
nicht mehr bergen kann
da ihr rettungsschiff
von der libyschen
und italienischen marine
behindert und
bedroht wird

eine katze
müsste man sein

schäbig

wirklich schäbig
denen
schutz zu verwehren
die auf der flucht sind
und jenen
die not zu verordnen
die asyl suchen
in unserem
wohlhabenden land

wirklich schäbig
die erschöpfung
der eigenen kapazitäten
in rechnung zu stellen
um so geflissentlich
zu vertuschen
dass jahrelang
nicht nur bei migration
und integration
unzulängliche
und falsche schritte
gesetzt wurden
in unserem
gemütlichen land

wirklich schäbig
hinter aufgeblasenen phrasen
das nicht wollen
mit dem nicht können
zu vertauschen
und ohne rot zu werden
die gefährdung
der inneren sicherheit
und der öffentlichen ordnung
auszurufen
in unserem
populistischen land

wirklich schäbig
muss der zustand sein
dass wir so
mit anstand geizen
in unserem
christlichen land

Die österreichische Bundesregierung hat sich im September
2016 auf die sogenannte „Asyl-Notverordnung" geeinigt, die das
direkte Abweisen von Flüchtlingen an der Grenze ermöglichen
soll.

alte mutter

zu selbstverständlich
ist sie unsere gefährtin
und ihrer
sind wir zu gewiss
in diesen tagen:

überhören so
viel zu leicht
dass wir zwar
alles sagen dürfen
und sie dennoch
auf unser überlegtes
schweigen auch setzt

übersehen zu oft
dass sie zwar
den willen
der mehrheit
ihrer kinder
unendlich schätzt
und dennoch
ihr herz brennt
für jene
die unbeachtet
und schwach

vergessen wir
immer wieder
dass sie
seit jeher
das bunte liebt
das unbeschwerte lachen
und die gedanken
die frei

zu selbstverständlich
ist sie unsere gefährtin
und ihrer
sind wir zu gewiss
in diesen tagen:
unserer alten mutter
der demokratie

paradoxe interventionen
(nach den anschlägen im sommer 2016)

gerade weil die gotteskrieger
mit unserer verunsicherung
und angst rechnen
lasst uns trotzig und bestimmt
an ein gutes morgen glauben
und bewusst schritte setzen
indem wir hier einander
wirklich vertrauen

gerade weil die gottesmörder
mit unserer aufgeregtheit
und hysterie kalkulieren
lasst uns trotzig und bestimmt
an ein besonnenes morgen glauben
und bewusst schritte setzen
indem wir hier einander
besser verstehen

gerade weil die gotteskämpfer
auf unsere gewaltbereitschaft
und unseren hass setzen
lasst uns trotzig und bestimmt
an ein friedliches morgen glauben
und bewusst schritte setzen
indem wir hier einander
endlich verzeihen

gerade weil die gotteseiferer
mit unserem unglauben
und unserer verweltlichung spekulieren
lasst uns trotzig und bestimmt
an einen guten gott glauben
und bewusst schritte setzen
indem wir hier miteinander
für sie beten

flüchtige sprache

unkontrollierbare *ströme*
überbordende *wellen*
mächtige *fluten*
brechende *dämme*
unbändige *schwärme*
eine gewaltige *invasion*

explodierende flüchtlingszahlen
belagerte aufnahmezentren
gestürmte grenzzäune
in der *festung* europa

damit wir's nicht vergessen:
wir reden hier nicht
von naturkatastrophen
oder parasiten
und auch nicht
von feindlichen kriegern
sondern von fliehenden *menschen*
auf der suche nach schutz
und einem besseren morgen

blut

blut
macht wieder
den unterschied

entscheidet über beihilfen
rechtsansprüche
und bildungschancen

rot
weiß
rot

bis
in den
tod?

So gibt es in Niederösterreich eine von der Dauer des Aufenthalts
in Österreich abhängige Wartefrist für die *bedarfsorientierte
Mindestsicherung* (bMS) in voller Höhe; auf dieses Modell einigte
sich 2017 die ÖVP-FPÖ Regierung. In Oberösterreich wurde 2016
eine 40% reduzierte bMS für Schutzberechtigte und drastische
Kürzungen für deren Kinder beschlossen.
Das Regierungsprogramm 2017 sieht u.a. separierte *Deutsch-
Förderklassen* vor.
Bereits 2010 plakatierte die FPÖ: „Mehr Mut für unser ‚Wiener
Blut'".
Am 24.2.1938 skandierte der österreichische Bundeskanzler Kurt
Schuschnigg: „Bis in den Tod: Rot-Weiß-Rot!"
Zum Gedenken anlässlich 80 Jahre ‚Anschluss' Österreichs an
Hitler-Deutschland formuliert Sebastian Kurz am 12.3.2018:
„Jeder Mensch trägt nicht nur Verantwortung für das, was er tut,
sondern vor allem auch für das, was er nicht tut."

alchemie
anno 2016

schleichend
wird wieder
aus recht
unrecht

aus legalem
so nebenbei
das illegitime

und die pflicht
ohne spielräume
verwandelt sich
selbstredend
in das diktat
der unmenschlichkeit

flüchtlingspsalm

(im märz 2016 an die österreichische
bundesregierung gerichtet)

vor mir
zäune und mauern

hinter mir
zerstörung und tod

unter mir
schlamm und kälte

über mir
drohnen und quoten

in mir
hoffnung und angst

zwischen mir und euch
misstrauen und abhängigkeit

vor mir
zäune und mauern

meine klagen
verwehen

schreibtischtäter
(der österreichischen bundesregierung
im märz 2016 zugedacht)

schreibtischtäter
haben distanz   digitales leid
                       riecht nicht
                       und die nahen
                       sind ihnen die nächsten

schreibtischtäter
haben gespür   für mainstream
                       und boulevard
                       sie hängen ihre fahnen
                       in den wind

schreibtischtäter
haben recht   sie ignorieren
                       selektieren
                       beugen und deuten
                       relativieren was recht

schreibtischtäter
haben schuld   am tatsächlichen leid
                       am faktischen unrecht
                       von menschen
                       die hinter den zahlen stehen

kaltfront
(im mai 2016)

im land der zäune
ist es kälter geworden

tiefgefroren nur noch
der edle einsatz
für jene
die in not
und am rand

erstarrt in der angst
um sich selbst
formt sich beharrlich
die hässliche fratze
bei denen
die sonst begnadet
für das schöne

und die warme luft
der vielen wörter
taut nicht das eis
im land der zäune

biblisches memento
(für einen retter
des christlichen abendlandes*)

hüten sollen wir uns
so der nazarener
vor den herr-herr-schreiern
und heuchlern[1]

vor denen
die in schafspelzen
zu uns kommen
da sie in ihrem innersten
doch nur
reißende wölfe sind[2]
warnt jener
der es wissen muss

und unmissverständlich ist
seit jahrtausenden schon
dass nicht
missbraucht werden soll
der name des herrn[3]
entzogen dem kalkül
falscher hunde
vor denen
das heilige
zu schützen ist[4]

ja
er wird dir
wohl noch
helfen müssen
und den blinden auch
die einem blinden folgen[5]

* Der österreichische Präsidentschaftskandidat Norbert Hofer
   (FPÖ) wirbt auf den Plakaten zur Wahl am 4.12.2016 mit dem
   Zusatz „So wahr mir Gott helfe".
[1] Mt 7,21f; [2] Mt 7,15; [3] Ex 20,7; [4] Mt 7,6; [5] Mt 15,14

**das wird man doch
noch sagen dürfen**
(zur österreichischen
bundespräsidentenwahl
am 22.5.2016)

das wird man doch
noch sagen dürfen:

asylwerber sind
erd- und höhlenmenschen[1]
wertloses menschenmaterial[2]
wellnessurlauber[3]
für die man schon mal
den knüppel aus dem sack[4]
holen muss

als deutschstämmige menschen[5]
blonde und blauäugige frauen
haben wir die heimat zu erhalten[6]
um so der *systematischen umvolkung*[7]
und dem *negerkonglomerat*[8]
zu entkommen
daher *abendland in christenhand*[9]
und *daham statt islam*[10]

wir können sicher sein
er ist *der einzige*
der unsere sprache spricht[11]

ihr werdet euch noch wundern[12]

das wird man doch
noch sagen dürfen

oder nicht?

1 Christian HÖBART als geschäftsführender FPÖ-Chef von NÖ
   im Nov. 2015
2 Gerald HRABALL als FPÖ-Gemeinderat in Gloggnitz/NÖ im
   Mai 2015
3 Herbert KICKL als FPÖ-Generalsekretär im Okt. 2014
4, 7 Johann GUDENUS als Klubobmann der FPÖ Wien im Sept.
   2013 und 2004
5, 6 Lutz WEINZINGER als FPÖ-Parlamentarier 2008 und 2009
8 Andreas MÖLZER als FP-Spitzenkandidat für die EU-Wahl im
   März 2014
9 FPÖ-Wahlplakatslogan zur EU-Wahl 2009
10 FPÖ-Wahlplakatslogan zur Nationalratswahl 2006
11 FPÖ-Wahlplakatslogan zur Wiener Bürgermeisterwahl 2015
12 Norbert HOFER als FPÖ-Bundespräsidentenkandidat im April
   2016

,wir'
(ein hegemonial-blues)

sie sind nicht
was sie sind
sondern das
was wir
aus ihnen machen
weil wir
mehr sind
und mehr *sind*

das fremd gemachte
bleibt fremd bestimmt
befremdlich auch
hin und wieder
ein bisschen exotisch
vielleicht

unterschiede sind nur
bei uns normal
und die am rand
haben sich anzupassen:

zu wenig schweinefleisch in der kita
zu viele flüchtlinge in der sauna
das kopftuch muss weg
die vorhaut bleibt dran
hände sind zu drücken
unsere frauen aber nicht

wir
sind aufgeklärt
und haben doch recht

wir sind halt
was wir sind
weil wir sind
was wir sind

klimawandel
(im jänner 2018)

deutlich stehen die zeichen
auf sozialen temperaturabstieg
in unserem land

gesellschaftliche dürren
extreme und risiken
bedrohen europa und die welt

als letzte maßnahme bleibt uns
nur noch eine allgemeine
herzerwärmung

**aufgeklärt
und zeitgemäß**

nicht im dunkeln
des privaten
und nicht im finstern
abgesonderter gotteshäuser
sondern im breiten licht
der öffentlichkeit
muss religion
sich beweisen
gewollt von einem staat
der weder bevorzugt
noch behindert

aufgeklärt
und zeitgemäß

sie sagen

sie sagen
das kopftuch
ist ein politisches symbol
und doch sind es gerade sie
die damit politik
und stimmung gestalten

sie sagen
das kopftuch
ist ein zeichen der unterdrückung
und doch sind es gerade sie
die teilhabe
und arbeitsplätze
davon abhängig machen

sie sagen
das kopftuch
ist ein ausdruck des patriarchats
und doch sind es gerade sie
die als männer
über frauen bestimmen

sie sagen
das kopftuch
ist ein signal verweigerter integration
und doch sind es gerade sie
bei denen toleranz
und gleichberechtigung fehlen

eigentlich
will ich davon
nichts mehr hören
wir haben größere probleme
in dieser bunten welt
als dieses kleine stück stoff
meine ich

zauberei?

das kopftuch
wird wie von selbst
zum zaubertuch

das hehre motive
in unterstellungen
und unterstellungen
in scheinbar hehre
motive verwandelt

und es bleibt
eine illussion
dass emotionen
in vernunft
sich auflösen

bis wir nicht
die richtigen worte
und passenden kniffe
gefunden

bunt und weit
(Gedanken zum EuGH-Urteil
vom 14.3.2017)

die humane kultur
des abendlandes
kleidet sich
nicht in neutralität
und versteckt sich darin

stolz und selbstbewusst
zeigt sie sich dort
wo juden ihre kippa
muslima ihre kopftücher
und ordensleute ihre habite
tragen

bunt und weit
ist der morgenmantel
des abendlandes
bestickt mit zwölf sternen
und dem motto
in varietate concordia*
über der brust

* *In Vielfalt geeint* (= Motto der EU)
   Das EuGH-Urteil (C-157/15) vom 14.3.2017 ermöglicht Dienst-
   gebern ein Verbot religiöser Symbole.

wahlentscheidung

meine stimme
gebe ich nicht ab
die brauche ich noch
um sie zu erheben
gegen die anhaltende
ausgrenzung

mein kreuz
mache ich nicht
das brauche ich noch
um es aufzurichten
gegen die fortlaufende
fremdenfeindlichkeit

meine entscheidung
treffe ich nicht
die brauche ich noch
um sie zu fällen
gegen die andauernde
benachteiligung

gültig
wähle ich die
bei denen nicht leistung
heimat und sicherheit
im vordergrund stehen
sondern menschen
ohne ausnahme
gleichberechtigt
füreinander

dereinst

was werden wir sagen
wenn sie uns fragen
was wir getan haben
in der zeit
der großen flucht
und dichten grenzen?

was werden wir sagen
wenn sie uns fragen
was wir gefühlt haben
in der zeit
des massensterbens
im mittelmeer?

was werden wir sagen
wenn sie uns fragen
ob wir widersprochen haben
in der zeit
der rattenfänger
und menschenrechtsräuber?

was werden wir
unseren kindern
und enkelkindern
bloß sagen
wenn sie uns dereinst fragen
in der fernen nahen zeit?

**menschenfischer
gottesangler**

berufen sind wir
und gesendet
um menschen
zu suchen
und zu finden
in ihrem lieben
und leiden
in ihrem fühlen
und denken
erwartungsvoll

berufen sind wir
und gesendet
um gott
in jedem menschen
zu suchen
und zu finden
ohne vorurteile
ohne vorbehalte
würdevoll

berufen sind wir
und gesendet
damit menschen
gott suchen
und finden
den unbekannten
bekannten
den fernen
nahen
liebevoll

berufen sind wir
und gesendet
menschen zu sein
um in uns
und an uns
den zu finden
den zu suchen
sich lohnt
vertrauensvoll

Bibliografische Information der Deutschen Nationalbibliothek

Die Deutsche Nationalbibliothek verzeichnet diese Publikation
in der Deutschen Nationalbibliografie; detaillierte bibliografische
Daten sind im Internet über http://dnb.d-nb.de abrufbar.

Umschlag und Gestaltung
Crossmediabureau – http://xmediabureau.de

Druck und Bindung
CPIbooks, Clausen & Bosse, Leck

ISBN
978-3-429-05316-1

Thomas Schlager-Weidinger,
Dr. theol., geboren 1966; Historiker und Erwachsenenbildner.
Er ist Autor mehrerer Bücher und arbeitet als Hochschullehrer in
Linz/Oberösterreich.

Von ihm sind im Echter Verlag auch folgende Bände erschienen:

verwand[el]te seelen
theopoetische annäherungen an 55 biblische gestalten
978-3-429-03848-9

Sperrige Nächte
Gedichte zu Advent und Weihnachten
Gedichte zur Fasten- und Osterzeit
978-3-429-03534–1

verrückter himmel
Theopoetische Texte über Gott und die Welt
978-3-429-03633-1

offene morgen
theopoetische texte zur advents- und weihnachtszeit
theopoetische texte zur fasten- und osterzeit
978-3-429-03983-7